四C人生：阿德勒心理健康雕塑系列手冊

創造性力量
性 格 養 成 的 泉 源

THE "CreATiVE FoRce"

總校閱 楊瑞珠

原著 Betty Lou Bettner

翻譯 黃英俞／李繼庚

獻給沃爾特（Walt），我的靈魂伴侶，他的人格具有以下特質：

耐心

寬容

尊重

無條件的愛

眞誠

對家庭奉獻

對所有人給予鼓勵

致 謝

沒有建議、回饋、支持、友誼和編輯的幫助，任何一本書都不可能完成。感謝所有提供資料並協助完成本書的人，包括 2005 年馬爾他阿德勒暑期學校和學院國際委員會（ICASSI）的參與者，Caroline Sarlo, Rachel Shifron, Chris Polischuk, Carol Tatta, Amy Lew, Susan Belangee, Rob Martinelli, Cheryl Downer, Belinda Cimo,Joe Gawinski, Walt Bettner 等。同時，由衷地感謝對理解人類做出非凡貢獻的阿爾佛雷德‧阿德勒（Alfred Adler）和魯道夫‧德雷克斯（Rudolf Dreikurs）。

四 C 人生：阿德勒心理健康雕塑手冊系列（5-1）
創造的力量：孩子們如何塑造自己的性格

> 個體既是一幅畫，也是一位畫家，
> 他畫出自己的人格。

——Alfred Adler

　　阿德勒心理學透過《自卑與超越》（原文為 What Life
Should Mean to you）中譯本引進台灣後陸續有不少譯自英
文、德文和日文翻譯之相關書籍，但能把阿德勒龐大知識體
系化為具體可行助人策略的書真的少之又少。當代阿德勒心
理學者 Betty Lou Bettner 從 1989 年開始根據阿德勒所認為
人類有歸屬感、長進、意義和鼓勵的心裡需求提出家長和教
師可運用在孩子成長四個關鍵 C（簡稱四 C：Connection 連
結，Capable 能力，Count 價值和 Courage 勇氣），如今已多
方應用在教養、兒童的遊戲治療、青少年的輔導、創傷治療、
家長及教師的諮詢、教師專業社群、組織成員的態度檢核和
公共衛生等，無論應用之處為何，四 C 不但可用來估評協個
人及社群團體的關係效能，也可用來作為促進改變的目標和
策略。筆者備感榮幸地能介紹 Bettner 博士給台灣認識，更感
動譯者群付出心力自費出版五本《四 C 人生：阿德勒心理健
康雕塑手冊》。本書是此翻譯系列之第一冊。
　　如果我們的人生是一幅畫，我們都是畫家，畫筆之下反
映的是我們和成長環境互動的路徑和方向，我們創作的是我
們的性格。筆者認識本書兩位譯者多年，深深被英俞和繼庚

克服視障和重度肢障並進而關懷服務他人的勇氣和成就所震撼。英俞現任國中專任輔導老師，服務對象常為高關懷青少年，是台灣第一位發展四 C 檢核表評估組織效益者。繼庚有多年英文教學與翻譯經驗，兩位是台灣阿德勒心理學會資訊委員會領導者，以高科技協助台灣阿德勒心理學會創會及運作。他們就如本書主角人物，紅髮蘇西，能虛心接受家庭社會資源，超越自己的劣勢以及和他人的差異，用天賦的創造性能量和自主的精神，面對生命的變化，選擇並扮演好自己的角色，塑造出有自己風格，自立自足，利己利他的人生。

　　筆者邀請讀者們一起回想，在您自己的成長過程中第一個提供您感到連結的人是誰？讓您自己感到有能力的人是？自己是有價值的？困難時誰看到你您勇氣克服？影響為何？每個人都有自卑感，缺乏四 C 的人生會是什麼樣貌？讀者們。您從閱讀本書是否看到自己也可在生活現場（家庭，職場，社群）為他人提供與催化四 C 的氛圍或經驗？筆者鼓勵讀者也閱讀其他四冊，期冀讀者們更能體會「讀書能改變人的氣質」（信念、態度和精神）展現在自己和他人生活和精神的神奇效能。

楊瑞珠博士，美國科羅拉多州奧羅拉市
創辦人，丹佛阿德勒心理生活學院，台灣阿德勒心理學會
代言人，北美阿德勒心理學會
代表著作：勇氣心理學：阿德勒觀點的健康社會生活

探見生命風格的發展

駱怡如

本文作者爲臺灣阿德勒心理學會理事長

　　生命風格是阿德勒心理學的核心概念之一，阿德勒認爲一個人的心理動向由虛構的終極目標所主導，要認識人性就必須要先理解一個人如何歸納與詮釋並據此採取行動。在《創造性力量》一書中，本書作者 Betty Lou Bettner 博士以甫誕生在世上的小女孩蘇西爲主角，帶領讀者一步步用蘇西的眼去看、用她的耳去聽、用她的心去感受，思考與理解一個人原生家庭的家庭氣氛、父母教養風格、家庭價值觀……等如何影響著生命風格的形塑。

　　Betty Lou Bettner 博士給我的第一印象是嚴謹認眞的學者，猶記得 2022 年除夕夜，我們跨洋討論臺灣阿德勒心理學會 2022 年會四 C 工作坊的規劃到深夜，爲了讓參與者有最好的學習經驗，Betty Lou Bettner 博士在每一個環節都細膩斟酌。在後續幾次的討論中，感受到 Betty Lou Bettner 博士何以是北美阿德勒心理學會代言人，她讓人感到溫暖親切、充滿鼓勵並且具有幽默感，在工作坊的提問與對話過程中，更是以淺顯易懂的方式引導著參與者更靠近與理解四 C。

　　Betty Lou Bettner 博士的生命風格，一致的呈現在《創造性力量》一書。本書的書寫風格可感受到 Betty Lou Bettner 博士對於用字遣詞的細膩斟酌，但整本書讀起來卻又像是讀故事一般親切易讀，讀到最後令人恍然大悟創造性力量何以成爲性格養成的泉源。

推薦本書給希望瞭解個體生命風格與創造性力量的教育工作者、專業助人工作者以及希望更瞭解孩子的家長。

　　最後，由衷感佩兩位譯者李繼庚先生與黃英俞老師，以及本書審閱者楊瑞珠教授，謝謝您們成就這麼有意義的工作，茲以推薦序表達誠摯的支持與感謝！

推薦詞

吳淑妤

臺灣阿德勒心理學會第一、二屆理事

　　貝蒂露透過蘇西的早期故事，引領我們探究個人的成長歷程，呼應了阿德勒個體心理學的重要內涵。貝蒂露更指出，長大的蘇西可以藉著四個關鍵 C，為自己的生命重新有創意的詮釋。我身為教師與助人工作者，深深覺得阿德勒個體心理學為我們帶來重新建構生命的力量。感謝英俞和繼庚用心的翻譯。

譯者序一

能夠安心地成為自己又不從人類群體中退出，這樣的平衡是近來阿德勒心理學被大眾喜愛的原因。而較鮮為人知的是，關鍵的四 C 既是目標，亦是途徑，是想要了解阿德勒心理學如何落實在生活中一個最重要的觀念。四 C 創始人貝蒂露的睿智，將阿德勒看似如同繁星之間獨立的各種觀念，用四 C 微妙地聯繫起來，讓我們可以以簡馭繁，並且深入於人生之許多課題。

眾多學派的創始人都有談到阿德勒的影響，包括認知學派、家庭學派、以及人本學派，從不同的角度看個體心理學處處都是獨到的見解。這本小書說明了從尼采哲學到人本主義的脈絡之中，阿德勒看見一個孩子的獨特性，其心靈不屬於父母，而是屬於他自己。在 19 世紀初的阿德勒已經如此重視尊重人的獨特性，願每一位閱讀此書的我們一起擁有這份眼光。

能夠翻譯此書，謝謝瑞珠老師，尤其是老師建立起的社群，讓我可以在其中浸泡與學習，在其中有歸屬感，有貢獻、鼓勵及勇氣。更謝謝一起翻譯本書的李繼庚先生，一直用自己的生命態度作為我人生的模範，和您一起完成這個工作是我的光榮。

譯者序二

李繼庚

　　眾所周知，遺傳因素和環境因素對孩子的人格形成影響甚鉅。然而，阿德勒認為還有第三個也很重要的因素，那就是孩子與生俱來的「創造性力量」，指的是孩子建立自我人格的創造力。本書作者 Betty Lou Bettner 博士專研阿德勒個體心理學數十年，教學與實務經驗非常豐富。她用通俗易懂的方式，帶領讀者走入阿德勒的智慧，將兒童創造自我獨特個性的歷程，一一呈現出來。讀者可以看到兒童個性發展的理論在現實生活中是如何運作的。這對於望子「成龍成鳳」的父母，至關重要。撫養孩子是很艱難的工作，但也是最有價值的工作。了解「創造性力量」對孩子人格形成扮演決定性的角色後，新手父母可以未雨綢繆，提早注意到應該給孩子甚麼樣的成長環境，以便在孩子人格形成期，灌溉養分，協助孩子做出對自己和社會都是雙贏的選擇。本書在翻譯期間，承蒙臺灣阿德勒心理學會創會理事長楊瑞珠博士以及小港國中輔導室黃英俞老師鼎力協助，提供專業用語的譯法，謹此一併致謝。

個體既是一幅畫，也是一位畫家，
畫出自己的人格。

                            ——阿德勒

目錄

前言

頭五年是每個孩子人格形成的時期,有人說是頭六年,也有人說是頭四年。

尚‧皮亞傑（Jean Piaget）是 20 世紀最具獨創性的思想家之一,對兒童發展領域有很大的貢獻。他把頭兩年稱為感覺運動期（sensorimotor）,此時兒童依靠觸覺、感覺和感官來認識世界。這個階段有一個重要的部分,那就是孩子已經知道看不見的事物其實是一直存在的。皮亞傑把二到四歲稱之為前運思期（preconceptual）,孩子在這個階段會繼續使用感官,同時也已經能夠使用語言和文字來表達不可見的事物。在這個年齡,孩子是從自己的角度看問題,而且不知道自己的觀點可能與別人不同。

四歲以下的孩子已經發展到能分辨非此即彼,是好是壞,是對是錯,是上是下,是進是出的階段。由於這個孩子還沒有能力形成抽象思維,真正的性格形成期可能是頭四年。在這段時間裡,孩子透過看到的和聽到的事物而得到許多結論。父母在孩子的成長過程中影響甚鉅。然而,儘管父母以身作則,展現出溫馨的關係、道德價值觀、互助的氛圍,但最終還是須由孩子自己決定要如何詮釋他所看到或聽到的事物。

孩子的個性不是被塑造出來的。他們可能有身體上的障礙、有特殊需要或學習上的差異，但他們仍然會選擇自己的看法。所有孩子都是具有創造力的人類，他們會對自己看到的、聽到的和經歷的事物進行自我轉化。每個孩子都可能從不同的角度看待同一個家庭和家庭中的兄弟姐妹，而對那個孩子來說，那些看法是確實的。

　　我們無法改寫我們家庭的過去，但我們經常發現，當一些被忽視或不為人知的事實被提出時，我們可以重新解讀。

認識蘇西

　　兒童個性形成的理論在現實生活中是如何發展的？蘇西在接下來的幾年裡會非常忙碌，因為她會得到很多訊息，而且她會根據這些訊息主觀地去解釋，並且做出很多決定。她剛誕生在這個家庭，所以她還不知道她生來就有一頭紅髮，而其他家人沒有紅髮；而且她的大腿上部還有一個胎記。蘇西對這些事情會有什麼想法？在愛爾蘭，頭上長出紅髮，和在印度，頭長紅髮所代表的意義是不同的。她會如何看待自己的紅頭髮和那個胎記？順便說一下，她是左撇子。她會認為這是具有優勢（我很特別），還是處於劣勢（所有東西都是為右撇子做的）？讓我們跟著蘇西一起走下去，看看她可能會看到什麼。

　　蘇西要過好一陣子才會說話，但她會一直學習。她會觀察，她的眼睛會拍下照片，她會把這些照片歸檔，供將來參考。她的眼睛後面宛如有一個數位相機，沒有人看得到她拍下的照片。她不僅是在拍照，她還會決定她是否喜歡這些照片。有些照片可能有聲音，有些可能是快樂的，有些是悲傷的，還有一些是可怕的。她會觀察著正在發生的事情，並開始形塑她的個性。

　　如果你想製造東西，你需要原料。蘇西的原料是她的媽媽、爸爸、爸媽的教養風格、家庭價值觀、家庭氛圍、兄弟姐妹、也許是疾病（她或其他家庭成員）以及她的大家庭。蘇西將自己決定一些事情，包括自己是誰，以及自己認為自己應該是誰或成為誰，男人和女人的樣子，關係是什麼樣的，生活是什麼樣的，以及她的舉止該如何表現。

家庭如劇場

　　孩子一出生就好像被放在舞臺上一樣，第二幕已經開始了。劇本呢？沒有劇本！這是場即興表演的戲。那麼，蘇西扮演什麼角色？答案是，任何她想要的角色都有可能，她會自己決定。所以，蘇西會看看誰已經在舞臺上了，哪些角色已經被選走了。如果舞臺上只有大人，那她可能會選哪一個角色？這取決於大人們是什麼樣的人，以及蘇西認為什麼樣的角色對她來說，會是最成功的。她會選擇一種方式融入這個家庭。如果以後陸續有更多的人進入舞台，也許是另一個或兩個孩子；也許是祖父祖母會搬進來，劇情就可能會發生變化。目前蘇西所處的舞臺上或許只有一個成年人。她將如何面對變局？

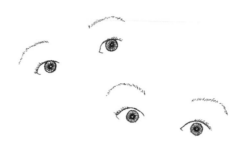

　　在蘇西的童年中將會發生什麼事情並不重要，重要的是她決定怎麼面對變局。

她將如何面對變局？

　　哲學家 Marcus Annaeus A. Seneca 的經典著作流傳了2000 多年，他說：「一切都取決於看法……」

　　蘇西將做出決定，她將開始創造。我們來看看蘇西的「原料」是什麼，以及她對她已經取得的原料將作出什麼決定。

選擇角色

蘇西會選擇什麼角色？無論她選擇什麼，都將是她自己的作品，引領她超越她的天賦或環境。阿爾弗雷德‧阿德勒（Alfred Adler）博士，精神病學家和個體心理學的創始人，曾談到過第三種力量——兒童的「創造性力量」，是對本性和教養的一種創造性的反應。和每個孩子一樣，蘇西也會找到適合的方式，用自己的創造力來建立獨特性。她可以有很多的選擇。

她可能決定成為：

善良的人

安靜的人

嚴肅的人

有才華的人

不愛吃東西的人

悲傷的人

幫助者

完美主義者

憂愁的人

保護者

負責任的人

害羞的人

有效率的人

遵守規則的人

家庭氛圍

家庭氣氛是家庭情感的氣候。
蘇西身處其中看到了什麼？

是平靜的、快活的嗎？
　　　是烏雲密布的、沉重的、不快樂的氣候嗎？
是快樂的或只是一場動盪的風暴爆發前暫時的寧靜？
　　　或者是像寒冬那樣，很少有溫暖的感覺？

　　父母其中一方如太陽般的溫暖，另一方則冷淡對待嗎？
對蘇西來說，會有什麼影響？

教養風格

「不，你不可以！」　　　　　「我說了算。」

蘇西經歷的是什麼的教養風格？

是專制的教養風格嗎？

　　蘇西的父母是否很嚴厲而且控制欲強？父母是否獨攬所有的決定，只給予蘇西極少的自由？

　　蘇西對這種方式可能會做出怎樣的反應？她會像個機器人般地順從嗎？她會叛逆並拒絕所有對她的要求嗎？她會陽奉陰違，趁父母不注意時，做她想做的事嗎？她會運用她的創造力來決定要走哪條路！

「好啊，我 OK。」　　「你自己決定，親愛的。」

這是一種縱容放任的方式嗎？

　　蘇西對這種方式感到無憂無慮嗎？她是否因為沒有界限而感到害怕？也許她會認定不許任何人對她說：「不可以！」，她想要的東西必須得到。

「不行！」　　　　　　「可以，做吧。」

一個是嚴厲的，一個是放任的？

　　蘇西認為嚴厲的那位會控制她，還是保護她？她認為放任的那位最愛她嗎？蘇西覺得與放任型的那位更親近，是因為她可以做任何她想做的事嗎？她會尊重任何一方嗎？如果會，是哪一方？

這是一個能培養孩子在民主社會中發揮作用的家庭嗎？

蘇西有歸屬感嗎？她感受到被尊重嗎？她有機會做出貢獻嗎？她會培養自尊心和關心他人嗎？

她是否被父母命令做事？有受到鼓勵嗎？她是否會聽到父母對她說：「蘇西，你真是個好幫手。」或「沒有你，我不知道我們這個家會怎樣。」之類的回應。

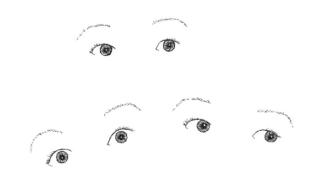

將傳達哪些價值觀？

大人的一言一行就是傳達價值觀的教材。家庭看重的事情可能包括：

教育	公平	活動	疼愛
勤奮工作	控制	安慰	關心他人
整潔	誠實	親密	家庭和諧
運動	宗教	道德	完美主義
成就	一致性	美麗	獨立性
能力	幽默	外觀	尊重他人
自重	享樂	物質主義	維護自我權益

蘇西可能看到，她媽媽看重的是：
整潔、誠實、有教養、有禮貌、有樂趣。
她可能看到，她爸爸重視的是：
勤奮工作、誠實、重視教育、獨立、尊重。

家庭價值觀

教育   誠實

　　如果媽媽具有一個爸爸沒有的價值觀，蘇西可能會把媽媽的價值觀看作是女性應有的價值觀。如果爸爸具有一個媽媽沒有的價值觀，那可能會被蘇西認為這是男性應有的價值觀。父母雙方持有的價值觀將被視為一種絕對的，是孩子們必須遵循的律法。

　　一旦父母雙方對誠實和教育的價值觀是一致的，誠實和教育將被視為家庭的價值觀，不能被忽視。

　　如果蘇西與她的父母關係良好，她很可能會發揮她的「創造性力量」來決定接受這些價值觀。如果蘇西在這個家庭中感到氣餒，她就可能用她的創造性力量來拒絕向這些價值觀靠攏。

性別認同

　　當蘇西三歲時，她會更清楚地意識到兩種人，一種是男人，一種是女人，之後，她會確定自己是哪一種。從那時起，她將觀察那個和她一樣的人，看看自己可以成為什麼樣子。如果她喜歡她所看到的，她將有信心成為一個「真正的」女人。如果她不喜歡她所看到的，她可能會努力避免那些她不喜歡的特徵，也會避免那些無法讓她如願的選擇。

男人

　　蘇西將如何看待男人？她不知道還有許多不同類型的男人。她只專注於一個男人，她的父親。父親是她唯一看到的男人。他是什麼樣的人？他是個好男人嗎？善良嗎？有趣嗎？對人恭敬嗎？充滿愛心嗎？或者他是一個缺席的父親？一個憤怒的男人？一個完美主義者？一個酗酒的男人？

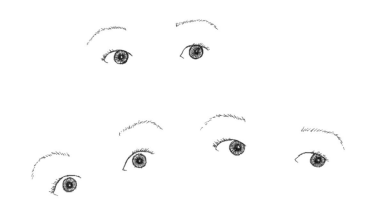

　蘇西在她父親身上會觀察到什麼？蘇西對男人的認定取決於她在她父親身上所觀察到的言行。

她會不會認為男人是：

安靜的	喧吵的	慷慨的
自私的	強壯的	軟弱的
專注的	不理會人的	外向的
孤僻的	聰明的	笨拙的
有愛心的	怠慢的	幽默的
敏感的	苛求的	領導者
跋扈的	給予的	拒絕的

　她會從她父親身上複製哪些特質嗎？哪些特質她一定不會複製？蘇西預期會找到具有甚麼特質的男人？希望總是不如預期，她希望找到的人和她預期會找到的人不會一樣。

女人

　　蘇西如何看待女性將取決於她從觀察母親中得出的結論。對蘇西來說，母親是一個「真實的」女人。母親有關心、愛護和鼓勵的特質嗎？或者不知所措、不高興、懲罰、評判，亦或兩部分都有，還是有其他特質？

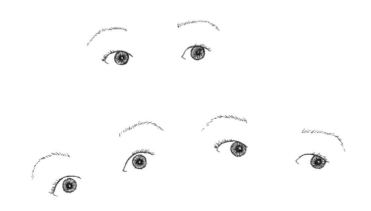

　　蘇西會在她母親身上觀察到什麼？她可能在她的母親身上看到什麼特質？看過她母親的言行，她會對女人得出什麼結論？

她會不會說女人是：

親切	冷漠	友好
專橫	勤奮	懶惰
寬容	抱怨者	有耐心
咄咄逼人	樂於助人	自信
不確定	外向	不易控制
聰明	創造性	有批判性
可預測	神秘的	不理智

她會決定從她母親那裡複製哪些特徵？

出生序

　　就這樣，蘇西突然從三歲的獨生女變成了即將有一個弟弟的小女孩。她將如何應對此一變局？她會高興地歡迎這個弟弟嗎？也許她的朋友有弟弟，而她也一直想要有一個。也許她想要一個妹妹陪她玩，但現在很失望。她會不會覺得弟弟把媽媽搶走了？蘇西現在不是小嬰兒了，她會有什麼不同的表現？她會做出什麼決定？新生弟弟會如何回應蘇西？弟弟是否會崇拜她，對她唯命是從，一直追著蘇西要和蘇西玩，或者是弟弟常常黏著媽媽？作為家裡的第二個孩子，弟弟將如何發揮他的創意？別忘了之前提過，每個孩子都有一種獨特的「創造性力量」，弟弟將以何種不同的方式成為這個家庭的一員？

　　有一件事很可能發生，那就是，第二個孩子會和第一個孩子的個性相反。如果蘇西是一個安靜、嚴肅、愛看書的孩子，她的弟弟可能是一個吵鬧、風趣、愛運動的孩子。蘇西的弟弟可能會被貼上叛逆的標籤，調皮搗蛋，或需索無度。無疑地，他將會利用自己的創造力，在這個家裡找到一個完全屬於他自己的角色。

　　第三個孩子可能是個樂天派的人，無憂無慮，或者是個良好的傾聽者，或者是善解人意。最小的孩子可能是迷人的嬰兒，或者可能擅長美術或音樂，或者受到眾人疼愛。每個孩子都會創造一種方式來融入家庭這個群體，每個孩子都會有所不同。

父母之間的關係

　　蘇西也會觀察她的家人之間是如何相處的。她看到了什麼？她喜歡她看到的嗎？她對家人之間的相處方式感到高興或輕鬆嗎？

　　蘇西看到的是父母兩個人合作完成任務，或者是一起做決定嗎？

　　蘇西是否經常看到父母爭吵？他們有時會反覆進行同樣的爭吵而沒有辦法停止嗎？他們是否一直在爭吵，直到其中一個人讓步或離開？每次讓步或離開都是同一個人嗎？爭吵結束後會發生什麼事？誰願意順從？

　即使父母彼此沒有交談，蘇西仍然嗅得出父母之間存有敵意嗎？

　當蘇西看著她媽媽和爸爸之間的互動時，她會慶幸自己是女孩嗎？

　她是否認為只要有愛和尊重，與一個男人一起生活很不錯；還是認為與一個男人一起生活注定是會失敗的？

　　蘇西一直在觀察。她不是刻意在學習，但她正在把關於身為女人如何與男人相處的資訊歸檔在自己的腦海中。

　　她的父母誰是做主（如果有的話）？誰做決定？他們會爭吵嗎？誰先引起爭吵的？他們如何結束？誰贏了，誰輸了？他們在大多數時候看起來都很開心嗎？父母中是否有一方似乎只關心爭吵的輸贏和對錯？

　　父母中的一方是否在意彼此關係的品質？蘇西站在哪一邊？為什麼？

蘇西會用她的「創造性力量」對她所看到的事物下結論，包括誰是對的，誰是好的，誰傷害了別人，誰受到傷害。她喜歡媽媽對待爸爸的方式嗎？根據她觀察到的情況，對蘇西來說，父母之間的關係是什麼樣貌？

她是否會得出結論，成年人彼此的關係是：

有趣的	困難的	鍾愛的
必要的	暴風雨般的	歡愉的
合作的	尊敬的	拒絕的
友好的	爭論的	快樂的
競爭的	和平的	輕鬆的
失望的	和諧的	沉悶的

哪一種關係適合她？
未來當她處於一個重要的關係中時，她會決定怎麼做？

家庭中的機會及資源

蘇西的家庭有什麼機會及資源？

是否有很多大家庭的成員生活在一起？

是否鼓勵看書和聽音樂？

父母是否一直在工作，沒有娛樂？

是否有活動：童子軍、空手道、運動、博物館、家庭會
議？

是否有失業、貧窮、酗酒的情形？

蘇西對這些有什麼反應？她是喜歡現有的機會，還是不
喜歡，還是容忍，還是挑剔？她是感激擁有這個機會，還是
認爲這是理所當然的？

生活是甚麼樣貌？

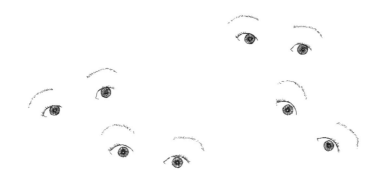

　　置身父母、大家庭成員、家庭氣氛、可得到的機會、優勢和劣勢等背景下，對蘇西來說，生活是什麼樣貌？

　　她會不會說生活是：

充滿美好的事物	一個又一個的問題
困難重重的	令人沮喪和不公平
不可預知的	充滿挑戰，但也有收穫
快樂的事	在幫助下可以應付
大起大落	充滿了喪失和重獲

　　蘇西會不會成為悲觀主義者，認為「生活是可能的，但太困難了」？或者她會成為一個樂觀主義者，認為「生活是困難的，但卻是可能的」？

我是誰？

在這種家庭氛圍中，在具有這種價值觀和教養方式的父母身邊，蘇西對自己的結論是什麼？她的「創造性力量」從來沒有停止過。

她對自己是誰這件事有何定論？

我是

強壯的	普通的	有能力的	持續的
特殊的	渺小的	有權的	重要的
軟弱的	叛逆的	優秀的	負責任的
聰明的	藝術的	自信的	不足的
愚蠢的	有愛心的	無助的	親切的
悲傷的	孤獨的	憤怒的	有同情心
受害者	沒有價值的人	友善的	被忽視的人

嗯，還有遺傳因素。還記得她的頭髮是紅色的，有胎記，而且是左撇子嗎？

遺傳

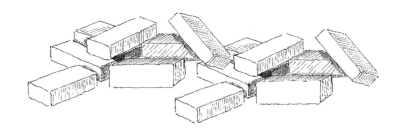

　　蓋房子需要磚頭，遺傳基因就像是一堆磚頭。也許我們喜歡我們得到的磚頭；也許我們不喜歡。也許我們會抱怨我們所得到的磚頭不好；也許我們只好接受，因為「生活就是這樣」。也許我們會試圖把我們不喜歡的部分隱藏起來。

　　還有環境……

環境

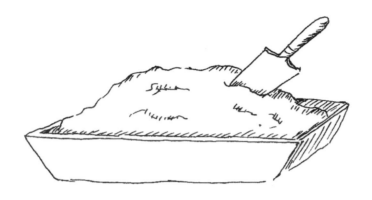

　　環境就像你用來蓋房子的水泥。阿德勒並不否認遺傳和教育所帶來的影響，也不否認經驗和「器官劣勢」的影響。這些因素都會影響人格的形成。但最重要是個人的「創造性力量」，也就是蘇西對這些情況的立場或觀點。這就是所謂的「目的論」。換言之，雖然遺傳和環境有影響，但它們不是決定性的因素。無論是遺傳還是環境，都不如孩子的「創造性力量」的作用重要。孩子才是房子要怎麼蓋的決定者。

蘇西會蓋出甚麼樣子的房子？

　　她會蓋出一個小小的、舒適的、容易進入的房子嗎？這房子很大、引人注目、難以接近嗎？她會蓋出一座城堡嗎？她會不會蓋出一座監獄，感覺被鎖在裡面，無法逃脫？

　　她會蓋出哪種城堡？

蘇西生來就
沒有任何因素
會影響她
選擇
特定的看法或行為。

　　沒有人可以為蘇西選擇她的看法或行為。她將依據自己經歷過的事情去認知,去表現行為舉止。

　　蘇西已經收集了所有的原材料。她看到的事物已經被拍攝在腦子裡了。現在就看蘇西將蓋出什麼樣的房子?她心裡面已經形成什麼信念?她認為哪些行為會把她帶往她想去的地方,或是她需要去的地方?

生命風格規劃

蘇西現在已經完成了所有以下這些句子：

我是……

男性是……

女性是……

關係是……

生活是……

　　蘇西已經有能力創造出一種規劃好的生命風格。無論蘇西選擇什麼樣的方式，她的生活都需要與他人進行有意義的連結，包括工作以及以某種方式，為社會做出貢獻。她會決定要去滿足這些要求嗎？還是會逃脫呢？

　　每個人都會以自己的方式完成以上那些句子。

可能的生命風格

蘇西規劃出的整套生命風格可能是：

我渺小又懦弱

男人強壯、愛發脾氣。

女人愛支配別人。

關係是會變的。

生活充滿挑戰。

　　蘇西還有一個句子要完成，才能做出整個計畫。她必須做什麼，才能支持她為自己得出的所有結論？沒有兩個人的結論是相同的。每個人都主觀地創造了一套結論。

決定生命風格

最後一句話的開頭是:「因此,我必須……」。
可能的句子有很多,像是:

因此,我必須……

很棒	悲觀	掌控
受苦	抱有希望	永不屈服
無感	獨立	完美無缺
照顧他人	對抗	大聲說出
謹慎	全力以赴	隨心所欲
堅強	有幹勁	被照顧
孤獨	穩紮穩打	不受到傷害

蘇西將自己造出最後一個句子。
「因此,我必須……」

在阿德勒的幾篇論文中,他強調成年後的情緒問題往往
可以追溯到學前時期形成的錯誤的生活計畫。這就是為什麼
遵循阿德勒理論的心理學家要探索個人的早期回憶,去看一
看孩子在生命的最初幾年裡所拍下的一些照片。孩子所作的
結論可以由這些照片明顯地看出端倪。

一種可能性

因此，蘇西將使用她的「創造性力量」來設計她的最終計畫。經歷過所有這些事實，她將決定做什麼？她將創造什麼？

蘇西所決定的整套計畫可能是：

我渺小又懦弱。

男人強壯愛發脾氣。

女人愛支配別人。

關係是會變的。

生活充滿挑戰。

……因此，我必須變得足夠聰明，避免被控制，並非常善於解決問題。

四個關鍵 C

阿德勒對所有人類都會有的需求做了一番描述。他列舉了這些需求包括有歸屬感的需求，改善、成長和學習的需求，感覺有意義的需求（感覺到被重視），以及被鼓勵的需求。阿德勒和同為精神科醫師和作家的德雷克斯（Rudolph Dreikurs）都強調，培養兒童有勇氣，使他們願意向前走，不害怕犯錯，並看到他們能夠處理生活中的挑戰是絕對必要的。

描述並記住阿德勒理論的一個簡單方法就是所有的人都必須具備「四個關鍵 C」，才能以健康的方式發展。

阿德勒	四 C
Belong 歸屬感	CONNECT 有連結
Improve 能力感	CAPABLE 有能力
Significant 意義感	COUNT 有價值
Encouragement 被鼓勵	COURAGE 有勇氣

有四個關鍵 C

四個關鍵 C 源自於人類天生的需求

四 C	每個人都需要
有連結	他人
有能力	自給自足
有價值	被需要
有勇氣	堅忍

　　當孩子們具備了四個關鍵 C 時，他們就能在交朋友中找到樂趣，享受工作，發展親密關係，並在助人的同時找到生命的意義。

缺少四個關鍵 C

如果不具備四個關鍵 C，孩子往往會對自己和他人產生負面的感覺。

缺少四 C	感覺
連結	孤立
能力	不足
價值	不被需要
勇氣	不如別人

當這些負面的感覺形成後，孩子所產生的結論將與其他在心理需求方面得到滿足的孩子有很大的不同。這些孩子會感到灰心喪氣，可能訴諸不良行為來應對。他們會想方設法吸引他人的注意，與人爭奪權力，為他們經歷的傷害尋求報復，或者放棄並拒絕嘗試，因為他們認為嘗試會導致失敗和更深的自卑感。

41

我們對蘇西的期待

I have a place.
I can do it.
I can handle what comes.
I can make a difference

她已經找到歸屬感。	有連結
她知道她可以做到。	有能力
她知道自己是被需要的。	有價值
她很堅忍，能處理所發生的事情。	有勇氣

蘇西的結論

　　蘇西的「創造性力量」所形成的最終結論是什麼？讓我們把蘇西視爲一個來自於參加過兒童教養課程的家庭的孩子。在家庭中接受平等的教導，知道要對自我和他人尊重，每週舉行家庭會議，並展現四個關鍵 C。蘇西已經成爲一個受到鼓勵也會鼓勵他人的人。她發揮自己的創意做出以下總結：

> 我很堅強，很有能力。
> 男人有愛心、有耐心、支持他人。
> 女性是友好和自信的。
> 關係比輸贏或對錯更重要。
> 生活是具有挑戰性的，並且充滿了機會。

　　……因此，我必須把握我所得到的機會和美好的事物，並善用我的才能走向世界，幫助他人。

蘇西的看法

　　對了，還記得蘇西的那頭紅髮、胎記和左撇子嗎？蘇西
的祖父母告訴她，能擁有和她曾祖母一樣顏色的頭髮是多麼
美妙的事啊，她是整個家族中唯一有紅頭髮的人。她的母親
告訴她，她是多麼幸運，身體如此健康，而且她的胎記並不
嚴重，沒長在非常明顯的地方。蘇西覺得自己是左撇子是一
件很棒的事，因為她的父親也是左撇子，她喜歡和父親有相
似的地方。

蘇西現在已經完成了她的性格形成期。

看起來她已經擁有她所需要的東西，

不僅僅是爲了生存，

而是爲了成功。

……最後的思考

　　一些專家說，撫養孩子是最難的工作，但也是最有價值的工作。我們知道，一個健康、良好的環境對兒童的成長和學習以及如何做出健康的選擇至關重要。因為，只有如此才能獲得互敬的友誼、擁有令人滿意的工作和事業，以及發展持久的親密關係。

　　身為父母、教師和那些與兒童有互動的人，雖然我們可以引領他們，但孩子終究是會做出自己的選擇。一個個體的看法以及行為，造就出這個個體的獨特性。每個孩子都會創造出獨特的個性，這種個性永遠不會與其他孩子完全一樣。

幾個需要考慮的問題

我在家庭中的角色：我是……的那個人

教養風格：

家庭價值：

母親：

父親：

兩者：

男人：父親的特點：

我哪些地方像我父親：

我哪些地方像我母親：

出生順序：(唯一的，兩個或更多人中的第一個，兩個中的第二個，三個或更多人中的中間一個，三個或更多人中的最小一個。)

優點：

缺點：

父母之間的關係：

孩童時期的機會：

我是：

四個關鍵 C：連結、能力、價值、勇氣

誰提供我四 C？

他們如何提供？

目前誰提供我四 C？

參考資料

01. Adler, Alfred.（2015）《阿德勒心理學講義》（吳書榆，譯）。經濟新潮社。（原出版年 1969）

02. Alfred Adler, Heinz L. Ansbacher, Rowena R.（2017）《阿德勒個體心理學》（黃孟嬌、鮑順聰、田育慈、周和君、江孟蓉，譯）。張老師文化。（原出版年 1956）

03. Rudolf Dreikurs, Vicki Soltz R. N.（2012）《孩子的挑戰：不動怒，不當孩子的奴隸，一樣教出好小孩？》（周昱秀，譯）。書泉。（原出版年 1964）

04. Bettner, Betty Lou and Amy Lew.（1990）. Raising kids who can. Connexions Press, Newton Centre, MA.

05. Lew, Amy and Betty Lou Bettner.（1996）. A parent's guide to understanding and motivating children. Connexions Press, Newton Centre, MA.

06. Peterson, Rosemary and Victoria Felton-Collins.（1986）. The Piaget handbook for teachers and parents. Teachers College Press, Columbia University, New York.

07. Seneca, Marcus Annaeus A：Ad lucillium epistolae morales 70-124（125）. English-Latin edition in Loeb Classical Library.

國家圖書館出版品預行編目資料

創造性力量-性格養成的泉源／Betty Lou Bettner 原
著；黃英俞，李繼庚翻譯. --初版.--臺中市：白象文
化事業有限公司，2023. 01
　　面；　公分
　　譯自：The "creative force"
ISBN 978-626-7189-90-0（平裝）
1. CST：家庭教育 2. CST：兒童發展 3. CST：人格發展
528. 8　　　　　　　　　　　　　111018730

四C人生：阿德勒心理健康雕塑系列手冊

創造性力量-性格養成的泉源

作　　者　Betty Lou Bettner
譯　　者　黃英俞、李繼庚
總 校 閱　楊瑞珠
發 行 人　張輝潭
出版發行　白象文化事業有限公司
　　　　　412台中市大里區科技路1號8樓之2（台中軟體園區）
　　　　　出版專線：（04）2496-5995　　傳真：（04）2496-9901
　　　　　401台中市東區和平街228巷44號（經銷部）
　　　　　購書專線：（04）2220-8589　　傳真：（04）2220-8505
專案主編　陳婑婷
出版編印　林榮威、陳逸儒、黃麗穎、水邊、陳婑婷、李婕
設計創意　張禮南、何佳諠
經紀企劃　張輝潭、徐錦淳、廖書湘
經銷推廣　李莉吟、莊博亞、劉育姍、林政泓
行銷宣傳　黃姿虹、沈若瑜
營運管理　林金郎、曾千熏
印　　刷　基盛印刷工場
初版一刷　2023 年 01 月
定　　價　260 元